भजन संध्या

एकता अग्रवाल

क्रम-सूची

क्रम-सूची

भूमिका

EKTA AGARWAL

लेखिका (एकता अग्रवाल) ने अपना स्नातक हिंदी साहित्य के साथ पूरा किया । जिससे उनकी भक्ति में रूचि भड़ती गई, इसी कारण वश उन्होंने पुस्तक के माध्यम से कई प्रकार के भजनों का न केवल संग्राले अपितु उल्लेख भी किया है ।

यह भजन की पुस्तक हर तरह के मांगलिक कार्यों में प्रयोग की जा सकती है । इस किताब में दिए गए भजन सभी त्योहार पर प्रयोग होते हैं । इसमें दिए गए भजन हमारी संस्कृति एवं सभ्यता करें प्रतीक हैं , जिन्हें हम हर प्रकार के मांगलिक एवं शुभ कार्य में इस्तेमाल कर सकते हैं।

यह पुस्तक उन सभी लोगों के लिए है जिन लोगों को ईश्वर की भक्ति के सागर में डूबना है । ये किताब उन भक्तजनों को समर्पित है जो दिव्य शक्तियों से आध्यात्मिक रूप से मिलना चाहते हैं ।

1. घर में पधारो गजाननजी

घरमेंपधारोगजाननजी, मेरेघरमेंपधारो

रिद्धिसिद्धिलेकेआओगणराजा, मेरेघरमेंपधारो।

रामजीआना, लक्ष्मणजीआना

संगमेंलानासीतामैया, मेरेघरमेंपधारो॥

ब्रम्हाजीआना, विष्णुजीआना

भोलेशशंकरजीकोलेआना, मेरेघरमेंपधारो॥

लक्ष्मीजीआना, गौरीजीआना

सरस्वतीमैयाकोलेआना, मेरेघरमेंपधारो॥

विघनकोहारना, मंगलकरना,

कारजशुभकरजाना, मेरेघरमेंपधारो॥

2. देवा हो देवा , गणपति देवा

देवाहोदेवा , गणपतिदेवा , तुमसेबढ़करकौन

स्वामीतुमसेबढ़करकौन

औरतुम्हारेभक्तजनोंमें , हमसेबढ़करकौन

हमसेबढ़करकौन

अद्भुतरूपयेकायाभारी , महिमाबड़ीहैदर्शनकी

प्रभुमहिमाबड़ीहैदर्शनकी

बिनमांगेपूरीहोजाए , जोभीइच्छाहोमनकी

प्रभुजोभीइच्छाहोमनकी

छोटीसीआशालायाहूँ , छोटेसेमनमेंदाता

इसछोटेसेमनमेंदाता

माँगनेसबआतेहैं , पहलेसच्चाभक्तहीहैपाता

सच्चाभक्तहीहैपाता

भक्तोंकीइसभीड़में , ऐसेबगुलाभगतभीमिलतेहैं

हाँबगुलाभगतभीमिलतेहैं

भेसबदलकरकेभक्तोंका , जोभगवानकोछलतेहैं

अरेजोभगवानकोछलतेहैं

एकता अग्रवाल

एकडालकेफूलोंकाभी , अलगअलगहैभाग्यरहा

प्रभुअलगअलगहैभाग्यरहा

दिलमेंरखनादरउसका , मतभूलविधाताजागरहा

मतभूलविधाताजागरहा

देवाहोदेवा , गणपतिदेवा , तुमसेबढ़करकौन

स्वामीतुमसेबढ़करकौन

औरतुम्हारेभक्तजनोंमें , हमसेबढ़करकौन

हमसेबढ़करकौन

गणपतिबाप्पामोरया, मंगलमूर्तीमोरया ||

3. सुख करता दुखहर्ता, वार्ता विघ्नाची

सुखकरतादुखहर्ता, वार्ताविघ्नाची ,
नूर्वीपूर्वीप्रेमकृपाजयाची

सर्वांगीसुन्दरउटीशेंदुराची ,
कंठीझलकेमालमुकताफळांची

जयदेवजयदेव, जयमंगलमूर्ति ,
दर्शनमात्रेमनःकमानापूर्ति...॥

रत्नखचितफरातुझगौरीकुमरा ,
चंदनाचीउटीकुमकुमकेशरा

हीरेजडितमुकुटशोभतोबरा ,
रुन्झुनतीनूपुरेचरनीघागरिया

जयदेवजयदेव, जयमंगलमूर्ति,
दर्शनमात्रेमनःकमानापूर्ति...||

लम्बोदरपीताम्बरफनिवरवंदना,
सरलसोंडवक्रतुंडात्रिनयना

दासरामाचावाटपाहेसदना,
संकटीपावावेनिर्वाणीरक्षावेसुरवरवंदना

जयदेवजयदेव, जयमंगलमूर्ति,
दर्शनमात्रेमनःकमानापूर्ति...||

शेंदुरलालचढायोअच्छागजमुखको,
दोन्दिललालबिराजेसूतगौरिहरको

हाथलिएगुडलड्डूसाईसुरवरको,
महिमाकहेनाजायलागतहूँपदको

जयजयजीगणराजविद्यासुखदाता,
धन्यतुम्हारोदर्शनमेरामंतरमता....||

अष्टसिधिदासीसंकटकोबैरी ,
विघनविनाशनमंगलमूरतअधिकारी

कोटिसूरजप्रकाशऐसेछबीतेरी ,
गंडस्थलमद्‌मस्तकझूलशशिबहरी

जयजयजीगणराजविद्‌यासुखदाता ,
धन्यतुम्हारोदर्शनमेरामतरमता...||

भावभगतसेकोईशरणागतआवे ,
संततिसंपत्तिसबहीभरपूरपावे

ऐसेतुममहाराजमोकोअतिभावे ,
गोसावीनंदननिशिदिनगुणगावे

जयजयजीगणराजविद्‌यासुखदाता ,
धन्यतुम्हारोदर्शनमेरामतरमता

जयदेवजयदेव, जयमंगलमूर्ति ,
दर्शनमात्रेमनःकमानापूर्ति...||

जयदेवजयदेव...||

4. पान के पत्तों से निकले गणेश ललना

पानकेपत्तोंसेनिखलेगणेशललना ....

पानकेपत्तोंसेनिकलेगणेशललना ||

ब्रह्माजीलायेसोनेकापलना ,सरस्वतीमाताझुलाये

अरेविष्णुजीलायेमोदकललना ,
मातालक्ष्मीजिमायेगणेशललना

पानकेपत्तोंसेनिकलेगणेश..||

रामलायेपिताम्बरललना,
औरसीतामइयापहनायेगणेशललना

पानकेपत्तोंसेनिकलेगणेश..।।

अरेभोलाजीलायेमुशकललना,
उसकेआगेआगेभागेगणेशललना

पानकेपत्तोंसेनिकलेगणेश..।।

5. मैं तो अपने भोले को मनाने आई रे

दो बागियों के फूल चढ़ाने आई रे ,

मैं तो अपने भोले को मनाने आई रे।।

शीश भोले के गंगा विराजे ,

मैं तो गंगा मईया का दीपक जलाने आई रे

मैं तो अपने भोले को मनाने आई रे।।

गले भोले के नाग विराजे ,

मैं तो नागों को दूध पिलाने आई रे

मैंतोअपनेभोलेकोमनानेआईरे।।

संगभोलेकेगौराविराजे ,

मैंतोगौरामईयाकोचुन्दरीचढ़ाने

मैंतोअपनेभोलेकोमनानेआईरे।।

6. काशी नगरी से आए है शिव शंकर

लेकेगौराजीकोसाथभोलेबाबाभोलेनाथ,
काशीनगरीसेआएहैशिवशंकर,
देखोप्यारेभोलेनाथहोकरनंदीपरअसवार,
काशीनगरीसेआएहैशिवशंकर,
लेकेगौराजीकोसाथ....।

नंदीपेसवारहोकेडमरूबजाते,
चलेआरहेहैभोलेहरिगुणगाते,
पहनेनरमुंडोकीमालऊपरसेओढ़ेम्रगछाल,
काशीनगरीसेआएहैशिवशंकर,
लेकेगौराजीकोसाथभोलेबाबाभोलेनाथ,
काशीनगरीसेआएहैशिवशंकर,
लेकेगौराजीकोसाथ....।

हाथमेंत्रिशूललिएभस्मीरमाये,
झोलीगलेमेंडालेगोकुलमेंआए,
पहुचेंनंदजीकेद्वारभोलेबाबाभोलेनाथ,

काशीनगरीसेआएहैशिवशंकर,
लेकेगौराजीकोसाथभोलेबाबाभोलेनाथ,
काशीनगरीसेआएहैशिवशंकर,
लेकेगौराजीकोसाथ....।

बोलेयशोदामाँसेकहाहैकन्हैया,
दर्शदिखादोहमकोलेगेबलैय्या,
सुनकरनारायणअवतारआयाहूँमैंतेरेद्वार,
काशीनगरीसेआएहैशिवशंकर,
लेकेगौराजीकोसाथभोलेबाबाभोलेनाथ,
काशीनगरीसेआएहैशिवशंकर,
लेकेगौराजीकोसाथ....।

बोलीयशोदामैयाजोगीतुमजाओ,
द्वारपेमेरेनाडमरूबजाओ,
मेरानन्हासागोपालतुमकोईदोगेजादूडाल,
काशीनगरीसेआएहैशिवशंकर,
लेकेगौराजीकोसाथभोलेबाबाभोलेनाथ,
काशीनगरीसेआएहैशिवशंकर,
लेकेगौराजीकोसाथ....।

बातयेसुनकेभोलेहंसेखिलखिलाकर,
बोलेयशोदासेडमरूबजाकर,
जाकरदेखोअपनालालमिलनेकोहैवोबेहाल,
काशीनगरीसेआएहैशिवशंकर,
लेकेगौराजीकोसाथभोलेबाबाभोलेनाथ,
काशीनगरीसेआएहैशिवशंकर,
लेकेगौराजीकोसाथ....।

इतनेमेंमोहनआएबंसीबजाकर,
यशोदाभीदेखेउनकोध्यानलगाकर,
देखेउनकोसकनरनारयेतोहैकृष्णाअवतार,
काशीनगरीसेआएहैशिवशंकर,
लेकेगौराजीकोसाथभोलेबाबाभोलेनाथ,
काशीनगरीसेआएहैशिवशंकर,
लेकेगौराजीकोसाथ.........

7. महादेवा , नाथ कैसे करूं तेरी सेवा

शीशगंगेकीधार , गलेमुण्डोंकीमाल

महादेवा , नाथकैसेकरूंतेरीसेवा

मैंजलचढ़ानातोचाहूँ , चढ़ाऊंतोमनमेंडराऊं

दियामछलीनेजुठार , अरेमैंतोगईहार

महादेवा , नाथकैसेकरूंतेरीसेवा

मैंदूधचढ़ानातोचाहूं , चढ़ाऊंतोमनमेंडराऊं

दियाबछड़ेनेजुठार , अरेमैंतोगईहार

एकता अग्रवाल

महादेवा , नाथकैसेकरूंतेरीसेवा

मैंअक्षतचढ़ानातोचाहूं , चढ़ाऊंतोमनमेंडराऊं

दियाचिड़ियानेजुठार , अरेमेंतोगईहार

महादेवा , नाथकैसेकरूंतेरीसेवा

मैंभोगचढ़ानातोचाहूं , चढ़ाऊंतोमनमेंडराऊं

दियाचींटीनेजुठार , अरेमेंतोगईहार

महादेवा , नाथकैसेकरूंतेरीसेवा

मैंफूलचढ़ानातोचाहूं , चढ़ाऊंतोमनमेंडराऊं

दियाभंवरेनेजुठार , अरेमेंतोगईहार

महादेवा, नाथकैसेकरूंतेरीसेवा

8. शंकर मेरा प्यारा

•

शंकरमेराप्यारा, शंकरमेराप्यारा।

माँरीमाँमुझेमूरतलादे, शिवशंकरकीमूरतलादे,

मूरतऐसीजिसकेसरसेनिकलेगंगाधरा॥

माँरीमाँवोडमरूवाला, तनपेपहनेमृगकीछाला।

रातमेरेसपनोमेंआया, आकेमुझकोगलेलगाया।

गलेलगाकरमुझसेबोला, मैंहूँतेरारखवाला॥

॥शंकरमेराप्यारा, शंकरमेराप्यारा...॥

माँरीमाँवोमेरास्वामी, मैंउसकेपटकीअनुगामी।

वोमेराहैतारणहारा, उससेमेराजगउजारा।

हैप्रभुमेराअन्तर्यामी, सबकाहैवोरखवाला॥

॥शंकरमेराप्यारा, शंकरमेराप्यारा...॥

॥शंकरमेराप्यारा, शंकरमेराप्यारा...॥

9. कभी राम बन के, कभी श्याम बन के

कभीरामबनके, कभीश्यामबनके,
चलेआनाप्रभुजीचलेआना।

तुमरामरूपमेंआना।

सीतासाथलेके, धनुषहाथलेके,
चलेआनाप्रभुजीचलेआना॥

तुमश्यामरूपमेंआना।

राधासाथलेकेमुरलीहाथलेकेचलेआना,
प्रभुजीचलेआना॥

तुमशिवेकेरूपमेंआना।

गौरासाथलेके, डमरूहाथलेके,
चलेआनाप्रभुजीचलेआना॥

तुमविष्णुरूपमेंआना।

लक्ष्मीसाथलेकेचक्रहाथलेकेचलेआनाप्रभुजीचलेआना॥

तुमगणपतिरूपमेंआना।

रिद्धीसाथलेकेसिद्धीसाथलेकेचलेआना,
प्रभुजीचलेआना॥

10. लक्ष्मण सा भाई हो

लक्ष्मणसाभाईहोकोशाल्यॉमाईहो,

स्वामीतुमजैसामेरारघुराईहो.

नगरीहोअयोध्यासीरघुकुलसायारनाहो,

चरणहोराघवकेयहाँमेराठिकानाहो,

होत्यागभरतजैसासीतासीनारीहो,

लवकुछकेजैसीसन्तानहमारीहो,

श्रधाहोश्रवनजैसीशबरीसीभक्तिहो,

हनुमतकेजैसेनिष्ठाऔरशक्तिहो,

मेरीजीवननैयाहोप्रभुरामखाबियाँहो,

रामकिरपाकीसदामेरेसिरपेछईयाहो,

सरयुकाकिनाराहोनिर्मलजलधाराहो,

दर्शमुझेभगवनजिसघडीतुम्हाराहो॥

11. राम नाम से तूने बन्दे क्यूँ अपना मुख मोड़ा

रामनामसेतूनेबन्देक्यूँअपनामुखमोड़ा,

दौड़ाजाएरेसमयकाघोड़ा।

इकदिनबीताखेल-कूदमें, इकदिनमौजमेंसोया,

देखबुढ़ापाआयातोक्योंपकड़केलाठीरोया,

अबभीरामसुमिरलेनहींतोपड़ेगाकालहथौड़ा,

दौड़ाजाएरेसमयकाघोड़ा।

अमृतमयहैनामहरीका, तूअमृतमयबनजा,

मनमेंज्योतजलाले, तूबसहरीकेरंगमेंरंगजा,

डोरजीवनकीसौंपहरीको, नहींपड़ेगाफोड़ा,

दौड़ाजाएरेसमयकाघोड़ा।

क्यालायाक्यालेजायेगा, क्यापायाक्याखोया,

वैसाहीफलमिलेयहाँजैसातूनेहैबोया,

कालशीशपरबैठा, इसनेकिसीकोनाहैंछोड़ा,

दौड़ाजाएरेसमयकाघोड़ा।

मनकेकहेजोचलतेहैंवोदुःखहीदुःखहैंपाते,

मायाकेवशमेंजोहैंवोघोरनरककमेंजाते,

जो भी अजर-अमर बनते थे, उनका भी भ्रम तोड़ा,

दौड़ा जाए रे समय का घोड़ा।

12. चाहें राम कहो , चाहें कृष्ण कहो

चाहेंरामकहो , चाहेंकृष्णकहो

दोनोंकामतलबएकहीहै।।

श्रीरामकीमाँकोशाल्यहैं ,

श्रीकृष्णकीमाँयशोदाहैं ,

चाहेंरामकहो , चाहेंकृष्णकहो

दोनोंकामतलबएकहीहै।।

श्रीरामकेभाईलक्ष्मणहैं ,

श्रीकृष्णकेभाईदाऊहैं ,

चाहेंरामकहो , चाहेंकृष्णकहो

दोनोंकामतलबएककहीहैं।।

श्रीरामकेहाथमेंधनुषबाँण ,

श्रीकृष्णकेहाथमेंबंसीहैं ,

चाहेंरामकहो , चाहेंकृष्णकहो

दोनोंकामतलबएककहीहै।।

श्रीरामकेसाथमेंसीताहैं ,

श्रीकृष्णकेसाथमेंराधाहैं ,

चाहेंरामकहो , चाहेंकृष्णकहो

दोनोंकामतलबएककहीहै।।

श्रीरामनेरावणमाराथा ,

श्रीकृष्णनेकांसपछाड़ाथा ,

चाहेंरामकहो , चाहेंकृष्णकहो

दोनोंकामतलबएककहीहै।।

13. सीता राम सीता राम सीताराम कहिये

सीतारामसीतारामसीतारामकहिये,

जाहिविधिराखेरामताहिविधिरहिये ।

मुखमेंहोरामनामरामसेवाहाथमें,

तूअकेलानाहिंप्यारेरामतेरेसाथमें ।

विधिकाविधानजानहानिलाभसहिये,

जाहिविधिराखेरामताहिविधिरहिये ॥

कियाअभिमानतोफिरमाननहींपायेगा,

होगाप्यारेवहीजोश्रीरामजीकोभायेगा ।

फलआशात्यागशुभकर्मकरतेरहिये,

जाहिविधिराखेरामताहिविधिरहिये ॥

ज़िन्दगीकीडोरसौंपहाथदीनानाथके,

महलोंमेराखेचाहेझोंपड़ीमेवासदे ।

धन्यवादनिर्विवादरामरामकहिये,

जाहिविधिराखेरामताहिविधिरहिये ॥

आशाएकरामजीसेदूजीआशाछोड़दे,

नाताएकरामजीसेदूजेनातेतोड़दे ।

साधुसंगरामरंगअंगअंगरंगिये,

कामरसत्यागप्यारेरामरसपगिये ॥

14. दुनिया चले ना श्री राम के बिना

दुनियाचलेनाश्रीरामकेबिना,

रामजीचलेनाहनुमानकेबिना।

जबसेरामायणपढ़लीहै, एकबातमैंनेसमझलीहै,

रावनमरेनीश्रीरामकेबिना,
लंकाजलेनाहनुमानकेबिना॥

लक्षणकाबचनामुश्किलथा, कौनबूटीलानेकेकाबिलथा,

लक्षणबचेनाश्रीरामकेबिना,
बूटीमिलेनाहनुमानकेबिना॥

सीताहरणकीकहानीसुनो, बनवारीमेरीजुबानीसुनो,

वापिसमिलानाश्रीरामकेबिना,
पताचलेनाहनुमानकेबिना॥

बैठेसिंघासनपेश्रीरामजी, चरणोंमेंबैठेहैंहनुमानजी,

मुक्तिमिलानाश्रीरामकेबिना,
भक्तिमिलेनाहनुमानकेबिना॥

15. आज मंगलवार है, महावीर का वार है

आजमंगलवारहै, महावीरकावारहै, यहसच्चादरबारहै।

सच्चेमनसेजोकोईध्यावे, उसकाबेडापारहै॥

चेतसुतिपूनममंगलकाजनमवीरनेपायाहै,

लाललंगोटगदाहाथमेंसरपरमुकुटसजायाहै।

शंकरकाअवतारहै, महावीरकावारहै,

सच्चेमनसेजोकोईध्यावे, उसकाबेडापारहै॥

ब्रह्माजीकेब्रह्मज्ञानकाबलभीतुमनेपायाहै,

रामकाजशिवशंकरनेवानरकारूपधारियाहै।

लीलाअप्रमपारहै, महावीरकावारहै,

सच्चेमनसेजोकोईध्यावे, उसकाबेडापारहै॥

बालापनमेंमहावीरनेहरदमध्यानलगायाहै,

श्रमदियाऋषिओंनेतुमकोब्रह्ममध्यानलगायाहै।

रामरामाधारहै, महावीरकावारहै,

सच्चेमनसेजोकोईध्यावे, उसकाबेडापारहै॥

रामजनमहुआअयोध्यामेंकैसानाचनचायाहै,

कहारामनेलक्ष्मणसेयहवानरमनकोभायाहै।

रामचरणसेप्यारहै, महावीरकावारहै,

सच्चेमनसेजोकोईधयावे, उसकाबेडापारहै॥

पचवटीसेमाताकोजबरावणलेकरआयाहै,

लंकामेंजाकरतुमनेमाताकापतालगायाहै।

अक्षयकोमाराहै, महावीरकावारहै,

सच्चेमनसेजोकोईधयावे, उसकाबेडापारहै॥

मेघनाथनेब्रह्मपाशमेंतुमकोआनफसायाहै,

ब्रह्मपाशमेंफसकरकेब्रह्माकामानबढ़ायाहै।

बजरंगीवाकीमारहै, महावीरकावारहै,

सच्चेमनसेजोकोईध्यावे, उसकाबेड़ापारहै॥

लंकाजलायीआपनेजबरावणभीघबरायाहै,

श्रीरामलखनकोआकरमाँकासन्देशसुनायाहै।

सीताशोकअपारहै, महावीरकावारहै,

सच्चेमनसेजोकोईध्यावे, उसकाबेड़ापारहै॥

16. हे दुःख भंजन मारुती नंदन

हेदुःखभंजनमारुतीनंदन , सुनलोमेरीपुकार

पवनसुतविनतीबारम्बार

पवनसुतविनतीबारम्बार।।

अष्टसिद्धिनवनिधिकेदाता ,
दुखियोंकेतुमभाग्यविधाता ,

सियारामकेकाजसंवारे , मेराकरउद्धार

पवनसुतविनतीबारम्बार।।

अपरंपारहैशक्तितुम्हारी , तुमपररीझेअवधबिहारी

भक्तिभावसेध्याऊँतोहे , करदुखोंसेपार

पवनसुतविनतीबारम्बार।।

जपूँनिरंतरनामतिहारा , अबनहींछोड़ूंतेराद्वारा

रामभक्तमोहेशरणमेंलीजै , भवसागरकेतार

पवनसुतविनतीबारम्बार।।

17. कौन कहता हे भगवान आते नहीं

अच्चुतमकेशवंकृष्णदामोदरं,
रामनारायणंजानकीबल्लभम्।

कौनकहताहेभगवानआतेनहीं,

तुमभक्तमीराकेजैसेबुलातेनहीं।

कौनकहताहैभगवानखातेनहीं,

बेरशबरीकेजैसेखिलातेनहीं।

कौनकहताहैभगवानसोतेनहीं,

माँयशोदाकेजैसेसुलातेनहीं।

कौनकहताहैभगवाननाचतेनहीं,

गोपियोंकीतरहतुमनचातेनहीं।

नामजपतेचलोकामकरतेचलो,

हरसमयकृष्णकाध्यानकरतेचलो।

यादआएगीउनकोकभीनाकभी,

कृष्णदर्शनतोदेंगेकभीनाकभी।

18. मनिहारी का भेस बनाया

मनिहारीकाभेसबनाया , श्यामचूड़ीबेचनेआया।।

छलियाकाभेसबनाया , श्यामचूड़ीबेचनेआया।।

झोलीकंधेधरीइसमेंचूड़ीभरी , गलियोंमेंशोरमचाया

श्यामचूड़ीबेचनेआया।।

राधानेसुनीललितासेकही , मोहनकोतुरतबुलाया

श्यामचूड़ीबेचनेआया।।

चूड़ीलालनहींपहनु , चूड़ीहरीनहींपहनु ,

मुझेश्यामरंगहैभाया , श्यामचूड़ीबेचनेआया।।

राधापहननलगी , श्यामपहननेलगे ,

राधानेहाथबढाया , श्यामचूड़ीबेचनेआया।।

राधाकहनेलगी , तुमहोछलियाबड़े ,

धीरेसेहाथदबाया ,श्यामचूड़ीबेचनेआया।।

19. तारा है सारा ज़माना

ताराहैसाराज़मानाश्यामहमकोभीतारो।

हमकोभीतारोश्यामहमकोभीतारो॥

हमनेसुनाहैश्याममीराकोतारा,

वीणाकाकरकेबहाना, श्यामहमभीतारो।

हमनेसुनाहैश्यामद्रोपदीकोतारा,

साड़ीकाकरकेबहाना, श्यामहमकोभीतारो।

हमनेसुनाहैश्यामकुब्जाकोतारा,

चन्दनकाकरकेबहाना, श्यामहमकोभीतारो।

हमनेसुनाहैश्यामगणिकाकोतारा,

तोतेकाकरकेबहाना, श्यामहमकोभीतारो।

हमनेसुनाहैश्यामअर्जुनकोतारा,

गीताकाकरकेबहाना, श्यामहमकोभीतारो।

हमनेसुनाहैश्यामप्रहलादकोतारा,

खम्बेकाकरकेबहाना, श्यामहमकोभीतारो।

हमनेसुनाहैश्यामकेवटकोतारा,

नौकाकाकरकेबहाना, श्यामहमकोभीतारो

20. श्यामा आन बसों वृन्दावन में

श्यामाआनबसोंवृन्दावनमें ,

मेरीउमरबीतगईगोकुलमें ||

श्यामाआनबसों.............

श्यामारस्तेमेंबाग़लगाजाना ,

फूलबिनुंगीतेरीमालाकेलिए ,

तेरीबाँटनिहारूंकुंजनमें ,

मेरीउमरबीतगईगोकुलमें ,

श्यामाआनबसों.............

श्यामारस्तेमेंकुंवाखुदवाजाना ,

मैंतोनीरभरूंगीतेरेलिए ,

मैंतुझेनहलाऊंगीमलमलके ,

मेरीउमरबीतगईगोकुलमें ,

श्यामाआनबसों.............

श्याममुरलीमधुरसुनाजाना ,

मोहेआकेदरशदिखाजाना ,

तेरीसूरतबसीहैअँखियाँमें ,

एकता अग्रवाल

मेरीउमरबीतगईगोकुलमें ,

श्यामाआनबसों.............

21. सावरे से मिलने का सत्संग ही बहाना है

सावरेसेमिलनेकासत्संगहीबहानाहै।

सारेदुःखदूरहुए, दिलबनादीवानाहै।

चलोसत्संगेमेंचलें, हमेहरीगुणगानाहै॥

कहाँकहाँढूँढातुझे, कहाँकहाँपायाहै।

भक्तोकेहृदयमेंमेरेश्यामकाठीकानाहै॥

राधानेपायातुझेमीरानेपायातुझे।

मैंनेतुझेपाहीलिया, मेरेदिलमेंठिकानाहै॥

सत्संगेमेंआजाओ, संतोसंगबैठजाओ।

संतोकेहृदयमें, मेरेश्यामकाठिकानाहै॥

मीरापुककररही, आवोमेरेबनवारी।

विषभरेप्यालेको, तुनेअमृतबनानाहै॥

शबरीपुककररही, आओमेरेरघुराई।

खट्टेमीठेबेरोंकातोहेभोगलगानाहै॥

द्रोपतीपुकाररही, आवोमेरेकृष्णाई।

चीरकोबढानाहै, तुम्हेलाजकोबचानाहै॥

मथुरामेंडूंडातुझे, गोगुलकेपायाहै।

वृन्दावनकीगालिओमेंमेरेश्यामकाठिकानाहै॥

22. यह तो प्रेम की बात है उधो

यहतोप्रेमकीबातहैउधो , बंदगीतेरेबसकीनहींहै।

यहाँसरदेकेहोतेसौदे , आशकीइतनीसस्तीनहींहै॥

प्रेमवालोंनेकबवक्तपूछा , उनकीपूजामेंसुनलेएउधो।

यहाँदमदममेंहोतीहैपूजा , सरझुकानेकीफुर्सतनहींहै॥

यहतोप्रेमकीबातहैउधो , बंदगीतेरेबसकीनहींहै।॥।

जोअसलमेंहैंमस्तीमेंडूबे ,
उन्हेंक्यापरवाहज़िन्दगीकी।

जोउतरतीहैचढ़तीहैमस्ती , वोहकीकतमेंमस्तीनहींहै॥

यहतोप्रेमकीबातहैउधो , बंदगीतेरेबसकीनहींहै। ॥

जिसकीनजरोंमेंहैश्यामप्यारे ,
वोतोरहतेहैंजगसेन्यारे।

जिसकीनज़रोंमेंमोहनसमाये ,
वोनज़रफिरतरसतीनहींहै॥

यहतोप्रेमकीबातहैउधो , बंदगीतेरेबसकीनहींहै॥

23. छोटी छोटी गैया, छोटे छोटे ग्वाल

छोटीछोटीगैया, छोटेछोटेग्वाल।

छोटोसोमेरोमदनगोपाल॥

आगेआगेगैयापीछेपीछेग्वाल।

बीचमेंमेरोमदनगोपाल॥

कारीकारीगैया, गोरेगोरेग्वाल।

श्यामवरणमेरोमदनगोपाल॥

घासखाएगैया, दूधपीवेग्वाल।

माखनखावेमेरोमदनगोपाल॥

छोटीछोटीलकुटी, छोलेछोटेहाथ।

बंसीबजावेमेरोमदनगोपाल॥

छोटीछोटीसखियाँ, मधुबनबाग़।

रासराचावेमेरोमदनगोपाल॥

24. कृपा कृष्ण की...

कृपाकृष्णकी...

हलधारकाहल...

कर्मभूमिपरनूतनहलचल.....

हलधरकाहलचलाभूमिपर

बलधारकाबलचलाभूमिपर....

चलेपार्थकेबांणप्रखरतर

नएभूमिपरबादलझर-झर

बंजरबनताचलाहराथलहो.....

दौड़रहामनपैदल-पैदल

कृपाकृष्णकी...

मरुथलपरयूंटुटपडेघन

बनामरुथलअनुपमउपवन.....

जगह-जगहउद्यानमनोहर

उद्यानोंमेंस्वच्छसरोवर....

सरोवरोंमेंभराविमलजल....

सपनोंसेभरगयाहराधल

एकता अग्रवाल

कृपाकृष्णकी...

विरानेमेंबसानगरहै

सपनोंजैसामहलसुघरहैं....

मिलेनएजीवनकोनवस्वर

अमराबतीबसीभूथलपर....

घनापरिश्रमसफलहुआबल......

हरितहुआ ! हरीकाभूमंडल

कृपाकृष्णकीहलधारकाहल

कर्मभूमिपरनूतनहलचल

कृपाकृष्णकी...

कृपाकृष्णकी...